LIGNE

DE

SAINT-MARIENS A BLAYE

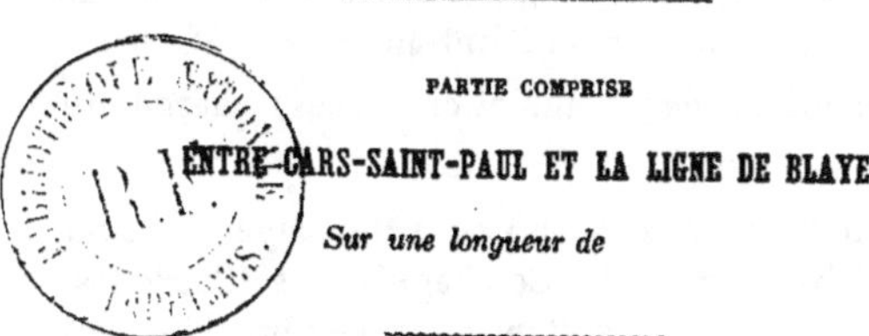

PARTIE COMPRISE

ENTRE CARS-SAINT-PAUL ET LA LIGNE DE BLAYE

Sur une longueur de

PROJETS DE DÉTAIL DES OUVRAGES D'ART

PROCÈS-VERBAL DE CONFÉRENCE

SUR LES DISPOSITIONS PROJETÉES

L'an mil huit cent soixante-douze, le 21 juin, les soussignés :

De SANSAC, Ingénieur des ponts et chaussées, chargé du service hydraulique du département de la Gironde;

PROMPT, Ingénieur des ponts et chaussées, chargé du service maritime de ce même département;

SEGRETAIN, chef de bataillon, commandant le génie de la place de Blaye;

1*

RICHET, Sous-Ingénieur des ponts et chaussées, chargé du service ordinaire de l'arrondissement du Nord (Gironde);

JULES BRUN, Maire de la ville de Blaye;

CHOPIN, Ingénieur de la Compagnie des Charentes, chef de la construction du chemin de fer de Saint-Mariens à Blaye;

ALEXANDRE, Ingénieur des ponts et chaussées, chargé du contrôle dudit chemin de fer;

Se sont réunis en conférence à la Mairie de Blaye, à l'effet d'examiner les propositions de la Compagnie des Charentes, relativement aux ouvrages d'art à établir sur l'embranchement de Saint-Mariens à Blaye, dans la partie comprise entre cette ville et la station de Cars-Saint-Paul.

I. — Exposé de l'Ingénieur ordinaire du Contrôle.

Le tracé du chemin de fer de Saint-Mariens à Blaye, dans la partie comprise entre cette dernière ville et Cars-Saint-Paul, a été, en mai 1871, l'objet d'une conférence du premier degré, conformément aux dispositions du décret du 16 août 1853.

Par une décision du 7 mars dernier, M. le Ministre des Travaux publics a approuvé, sous certaines réserves de détail :

1° Le tracé et les terrassements, suivant la ligne bleue du projet présenté par la Compagnie;

2° L'emplacement de la gare de Blaye, situé entre le chenal et la citadelle, tel qu'il était indiqué sur la retombée de la feuille C^1 et les profils en travers de la feuille C^2 joints au dossier.

La Compagnie a été invitée, par la même décision, à produire les projets des travaux d'art de la ligne et de la gare de Blaye, au nombre desquels doit figurer spécialement celui du viaduc à établir sur la route nationale, n° 137.

Ces divers projets, actuellement soumis à l'examen des chefs de service réunis en conférence, sont au nombre de 19 (non compris la gare de Blaye à établir à l'extrémité de la ligne), dont :

9 pour l'écoulement des eaux,
1 passage inférieur,
9 passages à niveau.

Les ouvrages proposés pour l'écoulement des eaux comprennent :

Un aqueduc de 1 mètre d'ouverture, projeté au piquet 222, pour le passage, sous le chemin de fer, d'un affluent du ruisseau du Saugeron, qui traverse le chemin de grande communication, n° 2, à l'aide d'un aqueduc dallé de $0^m,60$ sur $0^m,80$ à 100 mètres environ en amont.

Un aqueduc de $0^m,60$, projeté au piquet 230, pour le passage des eaux du cimetière de Blaye.

Cinq buses de $0^m,30$ de diamètre, pour l'assainissement des terrains traversés par le chemin de fer dans le voisinage de la ville.

Le prolongement d'un aqueduc existant sous un chemin près du lavoir, situé au piquet 232, afin de faciliter l'accès du passage pour piétons, établi en ce point.

Enfin, un aqueduc voûté de 2 mètres de largeur, sous la route nationale, n° 137, au piquet 235, pour le passage d'une dérivation du ruisseau du Saugeron.

Le seul passage inférieur prévu est sans importance ; il n'a que $2^m,50$ de largeur.

Sur les neuf passages à niveau, cinq sont à une seule voiture;

ils doivent être établis aux piquets 197, 204, 214, 221 et 227, pour la traversée des chemins vicinaux ou ruraux.

Le sixième, spécialement destiné aux piétons, sera placé sur le chemin du lavoir (piquet 232) ; il aura $0^{m},90$ de largeur.

Enfin, le septième est projeté en tête de la gare de Blaye, sur la route nationale, n° 137.

Ce passage sur lequel l'attention de l'Administration supérieure a déjà été appelée, lors de l'enquête relative à l'emplacement de la gare de Blaye, couperait la voie ferrée sous un angle de 68°. Il présenterait une ouverture de la largeur de la traversée de la route, et serait fermé à l'aide de barrières roulantes. La chaussée serait, au point de croisement, remblayée de $0^{m},25$ environ, et présenterait un palier de 9 mètres de longueur entre les barrières, une rampe de $0^{m},02$ sur $15^{m},50$ du côté droit du chemin de fer, un palier de 10 mètres, suivi d'une pente de $0^{m},01$ du côté gauche.

Ces déclivités seraient immédiatement précédées par les déclivités respectives de $0^{m},053$ et $0^{m},033$, formant le fond de bateau actuellement existant au point où la route rencontre la voie ferrée.

Il résulte des observations échangées entre l'Ingénieur de la Compagnie et l'Ingénieur du Contrôle, que les déclivités des abords pourraient être légèrement améliorées en relevant de $0^{m},25$ le niveau de la plateforme du chemin de fer ; on obtiendrait ainsi une rampe de $0^{m},02$, sur 22 mètres, au lieu de 15 mètres sur le côté droit et un palier continu de $25^{m},50$, au lieu du palier et de la rampe de $0^{m},01$, existant sur 20 mètres du côté gauche du chemin de fer.

Conformément aux prescriptions ci-dessus rappelées de la décision ministérielle du 7 mars 1872, la Compagnie soumet également à l'Administration un projet de viaduc, destiné à remplacer le passage à niveau dont il s'agit.

Ce passage aurait 8 mètres de largeur entre garde-corps ; les rampes d'accès seraient respectivement de 0m,055 du côté droit, de 0m,050 du côté gauche; un arc parabolique de 0m,06 de bombement et de 7 mètres de longueur les raccorderait au milieu du viaduc.

Si le passage supérieur était adopté, l'aqueduc de 2 mètres d'ouverture accolé au passage à niveau, en vue de l'écoulement des eaux du Saugeron, serait supprimé ; l'on se bornerait à allonger l'aqueduc de même largeur, actuellement existant, sous la levée de la route nationale et à dévier légèrement le ruisseau.

La Compagnie fait observer, dans une notice jointe au dossier, que l'établissement du passage supérieur occasionnerait un supplément de dépenses de 35,000 francs, et demande l'adoption du passage à niveau.

Après cet exposé qui résume d'une manière sommaire les principales dispositions proposées, l'Ingénieur du Contrôle prie les chefs de service réunis en conférence de donner leur avis sur ces dispositions.

II. — Avis de l'Ingénieur du service ordinaire.

La partie de la route nationale, n° 137, que va traverser le chemin de fer à Blaye, est très-fréquentée ; elle établit des relations de tous les instants entre la ville proprement dite et le faubourg de l'Hôpital. Cette partie sert au passage de toutes les voitures et charrettes qui amènent les voyageurs, les produits et les denrées de la contrée du nord de Blaye.

D'après le dernier recensement de la circulation faite en 1869 à la station de Saint-Martin, située à 2,400 mètres de Blaye, le nombre de colliers qui circulent moyennement sur cette route est de 224 par jour pour les voitures et charrettes chargées, et de 102 colliers 52 pour les charrettes vides, soit en totalité 326 colliers 52.

Ce nombre doit être augmenté d'un quart au moins par les transports qui s'effectuent sur le chemin de grande communication, n° 53, arrivant directement sur la route, suivant la direction EB du plan produit par la Compagnie. (Dossier du P. S., pièce B.)

La circulation moyenne est donc d'environ 400 colliers par jour; mais elle devient plus active à des époques de l'année, lorsqu'on transporte les vins, le bois de chauffage et les échalas sur le port de Blaye. On voit alors assez fréquemment 30, 40, et même 50 bouviers qui se suivent à de faibles distances. Cette activité est encore augmentée par les voitures et les piétons, pendant les jours de foires et de marchés.

La partie de route traversée par le chemin de fer n'a qu'une largeur de 7 mètres, et son inclinaison excède 0m,5 par mètre, sur 0m,80 de longueur. La rue de l'Hôpital, indiquée par les lettres AB, n'a elle-même qu'une faible largeur, car bon nombre de maisons y sont encore en saillie sur l'alignement, de telle sorte que les charrettes, retenues par une barrière, encombreraient entièrement la route.

Le passage à niveau projeté ne présente, d'ailleurs, qu'un palier insuffisant, qui se termine du côté de la plus forte pente à 4m,50 de l'axe du chemin de fer. Les charrettes, arrivant presque toujours chargées de ce côté, s'arrêteraient difficilement sur une pente rapide, et intercepteraient complétement les communications devant les maisons. Il serait donc indispensable, dans le cas où un passage à niveau serait admis, d'élargir la route sur toute l'étendue comprise entre la rue des Maçons et celle de l'Hôpital, et ce travail devrait être à la charge de la Compagnie, comme conséquence de l'établissement des barrières.

Un passage supérieur paraît bien préférable pour satisfaire aux besoins de la circulation; mais, le profil présenté par la Compagnie n'amènerait point d'amélioration pour la route, puisque d'un côté, la pente de 0m,053 par mètre serait remplacée par une rampe de $0^m,055$, et que, de l'autre côté, on substituerait à une rampe moyenne de $0^m,033$, une pente de $0^m,05$.

Ces dispositions sont adoptées par la Compagnie, pour diminuer, autant que possible, le volume des remblais et causer moins de préjudice aux riverains.

L'Ingénieur du service ordinaire pense que les pentes peuvent être réduites à 4 0/0, comme il l'a indiqué au crayon sur le profil, et qu'on peut augmenter un peu l'étendue du palier, sur le viaduc, sans qu'il en résulte une forte augmentation de dépense. On voit que sur le côté gauche du plan présenté par la Compagnie, il n'y a, le long de la partie de route à modifier, que la maison située auprès du point D (car le petit bâtiment indiqué par la lettre L n'a que très-peu de valeur); or, cette maison ne s'oppose nullement à l'exécution d'un remblai, puisqu'elle a actuellement quatre marches, qui seront supprimées avec avantage pour le propriétaire.

Sur le côté droit, il y a à remblayer le seuil de trois maisons, y compris celle désignée par la lettre K. La maison, située près du point D, n'a point d'ouverture du côté de la route et ne s'élève qu'à une faible hauteur du sol.

Le projet d'alignement approuvé porte à 10 mètres la longueur de la partie de route dont il s'agit. Il convient que le travail à effectuer par la Compagnie embrasse toute cette largeur.

Depuis longtemps la ville de Blaye, le Conseil d'arrondissement et le Conseil général de la Gironde, réclament l'élargissement de la route par le reculement des maisons du côté gauche jusqu'au point B, afin de faciliter le tournant dans la rue de l'Hôpital, suivant la direction BA. Les travaux à faire par la Compagnie du chemin de fer donnent un nouveau degré d'utilité à cette amélioration.

La Compagnie des Deux-Charentes a été bien dotée par l'État, en obtenant une subvention de deux millions, pour faire l'embranchement du chemin de fer de Saint-Mariens à Blaye, et l'abandon gratuit de tous les terrains qu'elle va occuper, dépendant de la citadelle. Elle ne peut donc se borner à faire les travaux strictement nécessaires, pour mettre la route nationale dans une position à peu près identique à celle qu'elle occupe actuellement. L'enquête est ouverte sur le plan parcellaire et de vives réclamations sont déjà formulées contre l'établissement d'un passage à niveau. Ces réclamations ne se borneront pas aux habitants de Blaye, elles s'étendent dans toute la contrée.

Si, contre les probabilités, le passage à niveau est maintenu, la Compagnie modifiant l'état de la route, en y plaçant une barrière, ne doit pas bénéficier entièrement des 35,000 francs qu'elle économiserait d'après ses propres calculs, et il est juste qu'elle emploie une grande partie de cette somme à élargir la route nationale, n° 137, jusqu'à l'entrée de la rue de l'Hôpital.

En résumé, l'Ingénieur du service ordinaire est d'avis :

1° Qu'il y a lieu d'établir un passage supérieur, pour la route nationale, n° 137, dans la traversée de Blaye, en portant le palier à 10 mètres de longueur sur le viaduc ;

2° Que les pente et rampe de chaque côté n'excèdent pas quatre centimètres par mètre.

3° Que la Compagnie porte la route à 10 mètres de largeur sur toute la partie à modifier ;

4° Enfin, que dans le cas où la Compagnie serait dispensée d'établir le passage supérieur, elle ait à opérer, à ses frais, l'élargissement de la route, depuis la rue des Maçons jusqu'à l'entrée de la rue de l'Hôpital, afin de rendre moins gênant le stationnement des charrettes, qui devront attendre l'ouverture des barrières.

III. — Avis de l'Ingénieur du service hydraulique.

L'Ingénieur du service hydraulique n'a aucune observation à présenter, en ce qui concerne la dérivation de l'affluent du

Saugeron, détourné sur une faible partie de son cours, pour traverser le chemin de fer, sous un passage inférieur de $2^m,50$, au piquet 210, et sous un aqueduc au piquet 222. La voie rencontre ensuite le Saugeron même, dans la ville de Blaye. Le projet qui rectifie ce ruisseau, en l'appuyant contre le talus gauche du chemin de fer, serait à l'abri de tout reproche, s'il lui avait conservé sa section normale; mais il n'en est pas ainsi. Des études faites en 1860, à l'occasion d'un règlement d'eau, il résulte que la section mouillée de pleines rives, auprès du village de Frédignac, n'est pas inférieure à $2^m,15$. Ce n'est donc pas exagérer en la portant à $2^m,40$, à un kilomètre environ, en aval, dans la partie que nous considérons. Pour obtenir ce résultat, les talus étant à 45° et la profondeur moyenne égale à $1^m,20$, il devient indispensable de donner au nouveau lit du Saugeron, $0^m,80$ de largeur à la sole.

D'après le projet du passage supérieur destiné à remplacer le passage à niveau, la Compagnie voudrait utiliser un ancien lit du Saugeron, existant en amont de la route et correspondant au Thalweg de la vallée. Toutes les eaux de ce ruisseau, au lieu de se diviser comme aujourd'hui, seraient réunies pour passer sous un ponteau de $1^m,90$ d'ouverture (pièce B du dessin du P. S.), à la sortie duquel elles iraient se jeter dans le lit du tracé primitif.

Ce projet présente deux légers inconvénients; d'abord, le ponteau, sous la rampe d'accès, n'offre pas un débouché suffisant, et en second lieu, la courbe et la contre-courbe du raccordement des deux lits en aval sont beaucoup trop brusques. Il est facile de remédier à l'un et à l'autre : au premier, en abaissant le radier de $0^m,15$ c. environ; au second, en donnant au Saugeron le tracé que nous avons indiqué au crayon, dans le plan de la traversée de la route nationale, n° 137. L'abaissement du radier peut se faire sans nuire à l'écoulement général, car, dans cette partie, la pente du ruisseau est en moyenne de

$0^m,01$ c. par mètre, et il suffit de jeter les yeux sur le plan de la traversée de la route, pour se convaincre que la direction indiquée au crayon n'offre pas la moindre difficulté.

Sous la réserve des observations qui précèdent, l'Ingénieur du service hydraulique est d'avis qu'il y a lieu d'approuver les dispositions projetées par la Compagnie.

IV. Avis de l'Ingénieur du service maritime.

L'Ingénieur du service maritime n'a aucune observation à présenter au point de vue de ce service, relativement au tracé des ouvrages compris entre Cars et la route nationale, n° 137.

Toutefois, en ce qui concerne la traversée de cette route par le chemin de fer, il estime que dans l'intérêt de la circulation considérable qui se dirige vers le port, il est indispensable d'établir un passage supérieur.

V. Avis du Commandant du Génie.

Le Commandant du Génie n'a aucune observation à présenter au sujet des ouvrages projetés entre la station de Cars-Saint-Paul et la traversée de la route nationale, n° 137.

Il ne fait aucune objection, soit contre l'établissement, sur cette route, du passage à niveau demandé par la Compagnie, soit contre la construction d'un passage par-dessus réclamé par la ville et le service ordinaire. Il n'insiste pas pour que ce viaduc soit à claire-voie dans toute son étendue.

VI. — Avis du maire de Blaye.

Le maire de Blaye déclare protester énergiquement contre tout projet de passage à niveau, qui peut ou pourra être présenté par la Compagnie des Deux-Charentes, pour la traversée à Blaye de la route dite de Paris, tout projet de cette nature devant avoir forcément pour conséquence d'intercepter plusieurs fois par jour et pendant un temps qui parfois pourra être assez long, quoi qu'en dise M. l'Ingénieur de la Compagnie, la libre circulation à un point où viennent aboutir deux pentes en sens inverse, très-glissantes et très-rapides ; sur une fraction de route d'environ 150 mètres de long qui commence et se termine par des maisons formant angle droit et sur laquelle, par conséquent, on débouche très-brusquement; sur une route excessivement fréquentée, notamment par les voitures et les charrettes pesamment chargées, et sur laquelle il n'est pas rare de voir des convois de 50 et 60 charrettes chargées de vin et marchant les unes à la suite des autres; la seule par laquelle la ville puisse communiquer avec l'un de ses faubourgs, son cimetière, son hôpital, son école communale de filles, son abattoir projeté, la porte principale de la citadelle, porte par laquelle passent tous les approvisionnements en armes, et en la plupart des communes du canton, dont elle est le chef-lieu, le canton entier de Saint-Ciers-la-Lande, et enfin la Saintonge, c'est-à-dire, en un mot, près tout le pays dont les produits alimentent son commerce et son port.

Jamais le Conseil municipal n'eut approuvé et par suite appuyé l'établissement de la gare sur l'emplacement qu'elle doit occuper, s'il eût pu penser que la Compagnie des Deux-Charentes persisterait dans son projet de passage à niveau. Il y a lieu de s'étonner que cette Compagnie qui a obtenu des subventions considérables et réalisera une économie d'au moins cinq cent mille francs, en établissant sa gare au pied de la citadelle, ce que l'Administration supérieure ne lui eût peut-être pas permis de faire si la ville de Blaye s'y était opposée, persiste dans un projet contre lequel proteste énergiquement la population tout entière, et cela pour éviter une dépense qu'elle évalue elle-même à 35,000 francs, et qui, en réalité, serait vraisemblablement moindre.

Le maire ajoute qu'un passage supérieur lui paraît tellement indispensable, qu'il est convaincu que l'Administration des Ponts et Chaussées serait bientôt obligée de l'effectuer à ses propres frais, si la Compagnie des Deux-Charentes trouvait moyen de s'en exonérer, ce qu'il ne peut admettre.

VII. — Observations de l'Ingénieur de la Compagnie.

L'Ingénieur de la Compagnie n'a aucune objection à présenter, en ce qui concerne les modifications et réserves proposées par M. l'Ingénieur du service hydraulique, mais il croit devoir consigner les observations suivantes, en ce qui concerne la traversée de la route nationale, n° 137.

M. l'Ingénieur, chargé de la route nationale, n° 137, demande un passage supérieur, au lieu d'un passage à niveau, au point où cette route est traversée par le chemin de fer (Piquet 285^{d}).

Relativement à la circulation qui serait exprimée par un nombre de 400 colliers par jour, il est à remarquer que l'établissement du chemin de fer aura pour effet de diminuer le chiffre et surtout d'atténuer, dans une forte proportion, les envois périodiques de vins. Les vins viennent, en effet, des territoires situés latéralement au chemin de fer; ils sont dirigés sur Blaye, où ils prennent la Gironde, pour être conduits sur Bordeaux et de là expédiés dans l'intérieur de la France : quand la ligne de Saint-Savin sera construite, la plus grande partie des vins sera reçue par les gares intermédiaires jusqu'à Saint-Savin, pour être dirigée soit sur Blaye, soit vers l'intérieur de la France.

Le palier est trouvé insuffisant aux abords des barrières; mais il convient d'ajouter à ce palier les déclivités de $0^{m},01$ et

$0^m,02$ qui y font suite. On a en dehors des barrières, d'un côté, une rampe de $0^m,02$ sur 15 mètres; de l'autre, un palier de 10 mètres et une rampe de $0^m,01$, également sur 10 mètres.

En somme, le profil de la route est amélioré; il est relevé de $0^m,27$ au point le plus bas et la largeur portée à 10 mètres, y compris les deux banquettes latérales de 1 mètre sur 15 mètres, à partir des barrières.

La demande d'un élargissement au delà de la partie modifiée, comme profil, est contraire à toute idée de justice. Si la route n'a que 7 mètres dans la traversée de Blaye, ce n'est pas le fait de la Compagnie; si les déclivités sont supérieures à $0^m,05$, sur certains points, elle ne les a pas créées. En admettant le principe de l'élargissement au-delà du projet, jusqu'à quelle limite devra-t-on porter la modification de la route ? Est-il admissible que l'on profite du passage du chemin de fer, pour obtenir aux frais des la Compagnie une amélioration que l'État a jusqu'ici retardée, malgré les vœux des populations ? Est-ce que la Compagnie n'a pas satisfait à toutes ses obligations, en ménageant aux abords des barrières un espace présentant des conditions de déclivité et de largeur qui permettent le stationnement des voitures ? Et ne rencontre-t-on pas en France des passages à niveau sur des routes plus fréquentées, traversées par des chemins de fer dont le nombre de trains est décuple du nombre de ceux qu'aura la ligne de Blaye ? Six trains par jour, dont trois dans chaque sens, suffiront en effet largement. On peut citer, pour ne pas sortir du réseau des Charentes, le passage à niveau établi en pleine ville à Tonnay-Charente, sur une route nationale, présentant une rampe de $0^m,04$, sans adoucissement sensible à la sortie des barrières. La proximité de la gare de Blaye est d'ailleurs une circonstance qui milite en faveur du passage à niveau. Elle est assez éloignée pour que le passage soit en dehors du champ de manœuvre des machines, et assez rapprochée pour que ledit passage soit couvert par le disque qui commande l'entrée de la gare. C'est là une garantie que les barrières ne seront fermées que le temps nécessaire au passage des trains. On ne fermera en effet, pour les trains de départ, que lorsque le disque sera ouvert et aussitôt le signal donné. Pour les arrivées, la manœuvre des barrières sera également subordonnée à celle du disque, que l'on ne fera que sur l'avis donné du départ de la gare précédente, située à 4 kilomètres seulement.

Le passage à niveau est commandé par les niveaux respectifs des rails et de la route, au point où s'effectue la traversée. Le passage supérieur est un contre-sens, dont l'idée n'est d'ailleurs pas venue aux Ingénieurs de l'État qui ont dressé l'avant-projet du tracé. Ils ont prévu un passage à niveau, non-seulement sur la route 137, mais même sur les accès au port de Blaye. Ils ont compris qu'en France on était familiarisé avec la présence des voies ferrées, traversant à niveau les villes, les places, les quais, pour se mettre à la portée des entrepôts et faciliter les transbordements avec les voies de terre et les ports.

Le passage supérieur, tel qu'il est présenté par la Compagnie, ne trouve même pas grâce près de M. l'Ingénieur chargé de la route 137. Le passage supérieur rendant la circulation des voitures complétement indépendante du passage des trains, la Compagnie pouvait s'attendre à ce que l'application des déclivités et de la largeur actuelle fût tolérée pour les accès : les rampes de $0^{m},04$ seules seraient admises, un palier plus long serait exigé sur l'ouvrage, et la largeur de la route serait de 10 mètres au lieu de 7 mètres.

L'Ingénieur de la Compagnie n'insiste pas sur ces conditions qui augmenteraient la dépense dans une notable proportion, car il est convaincu que l'Administration ne les exigerait pas, si le passage supérieur était susceptible d'être imposé. Il ne peut l'être, parce qu'il donne lieu à une dépense supplémentaire de 35,000 francs, pour une combinaison qui ne présente que des inconvénients : elle bouleverse, sans avantage pour la circulation, le profil de la route que le passage à niveau améliore; elle apporte des perturbations profondes dans les moyens d'accession des propriétés riveraines; elle modifie, d'une façon très-sensible, le relief du sol aux abords de la citadelle ; et, malgré l'avis de M. le Commandant du Génie, l'Ingénieur de la Compagnie ne peut que faire toutes réserves, relativement aux prescriptions que pourrait entraîner la création d'une levée de plus de 5 mètres au-dessus des rails, au pied même du glacis.

La question de dépense ne paraît pas préoccuper suffisamment M. l'Ingénieur de la route; il estime que la subvention et la cession gratuite des terrains militaires permettent à la Compagnie de faire des sacrifices, et il émet l'avis que, pour le cas où le passage à niveau serait admis, les 35,000 francs qui seraient économisés devraient être employés à élargir la rue des Maçons. L'Ingénieur de la Compagnie fait observer que ces conditions ne peuvent, en aucune façon, influer sur le parti à prendre par l'Administration supérieure : les intérêts à desservir doivent seuls entrer en cause, et la Compagnie doit pouvoir faire, pour le passage en question, toutes les économies qui sont compatibles avec la juste satisfaction que doit attendre le public. Il ne manque pas de cas sur le réseau déjà construit, où les prévisions de l'Administration supérieure, comme celles de la Compagnie, ont été bien dépassées, sans que l'État soit venu pour cela contribuer dans l'excès de dépense; il est donc juste que si des compensations se présentent, la Compagnie puisse en profiter.

VIII. — Avis et conclusions de l'Ingénieur ordinaire du Contrôle.

I.

L'Ingénieur ordinaire du Contrôle ne peut que partager l'avis émis par M. l'Ingénieur du service hydraulique, en ce qui concerne les légères modifications à prescrire pour assurer l'écoulement des eaux, mais il croit nécessaire d'examiner en détail les observations principales formulées par les autres services intéressés, relativement à la traversée de la route nationale, n° 137.

Avant de soumettre à un examen comparatif les deux solutions du passage à niveau et du passage supérieur présentées par la Compagnie, il paraît utile de les étudier isolément, en indiquant les améliorations dont elles seraient susceptibles.

§ 1er. — Le passage à niveau, tel qu'il est proposé, serait, au point de vue technique, absolument inacceptable, eu égard à la circulation considérable qui a lieu sur la route ; les dispositions présentées offriraient de véritables dangers.

Mais, ainsi qu'il a été dit dans l'exposé ci-dessus, les déclivités se trouveraient réduites respectivement à $0^m,02$ et $0^m,01$ sur 22 mètres et $25^m,50$, à droite et à gauche des barrières, en relevant de $0^m,25$ seulement la plateforme du chemin de fer; en outre, la largeur de la route pourrait être portée à **10** mètres dans toute la partie non bâtie, soit sur 63 mètres à droite et 29 mètres à gauche de l'axe de la voie, sans difficultés sérieuses.

L'Ingénieur du Contrôle a, d'ailleurs, tout lieu de croire que ces modifications seraient acceptées volontiers par la Compagnie, et ce sont les seules qu'il paraisse possible de lui imposer.

Ainsi amélioré, le passage à niveau se présenterait dans les conditions suivantes :

La route, sur une longueur totale de $56^m,50$, y compris la partie entre barrières, aurait une déclivité nulle ou de $0^m,02$ seulement; du côté de la ville, le palier serait suivi de la rampe de $0^m,033$ actuellement existante;—du côté opposé, la rampe de $0^m,02$ serait prolongée par la rampe de $0^m,055$, que présente cette partie de route. Sur une longeur totale de 92 mètres, la largeur de la route serait portée à 10 mètres.

§ 2. — Pour le passage supérieur, la rampe d'accès du côté

de la rue de l'Hôpital présente une déclivité de 0^m,055, à peu près égale à celle de la pente existante; comme la réduction à 0^m,04 nécessiterait d'assez grandes dépenses, qui n'auraient pour but que l'amélioration de l'état dans lequel se trouve la route, il n'est pas admissible que l'Administration prescrive cette réduction à la Compagnie, ainsi que le propose M. l'Ingénieur du service ordinaire. Mais il serait possible de demander que la déclivité de l'accès du côté de la ville ne dépassât pas 0^m,04, cette modification, qui n'occasionnerait pas d'accroissement appréciable dans les frais, devant avoir pour effet de créer un profil à peu près équivalent au profil actuel.

La sécurité de la circulation exige aussi un changement dans le palier de 7^m,20, projeté au pied de la rampe, côté droit du passage; eu égard à sa faible longueur et aux fortes déclivités de deux pentes qui y aboutissent, ce palier serait très-dangereux pour les voitures allant à grande vitesse et très-incommode pour les longs attelages circulant au pas.

Le palier de 20 mètres, que propose d'établir en ce point M. l'Ingénieur du service ordinaire, serait à peu près réalisé sans augmentation de dépenses notable, en relevant de 0^m,25 le palier projeté et en le raccordant avec les deux pentes aux abords par les déclivités de 0^m,02 par mètre, de manière à porter à 22 mètres environ la longueur de la route, pour laquelle le profil serait sans grande influence sur la traction des véhicules.

Ainsi améliorés, les accès du passage supérieur se présenteraient dans les conditions suivantes : du côté de la ville, une pente régulière de 0^m,04; du côté de la rue de l'Hôpital, une pente de 0^m,55, se raccordant avec la rampe de 0^m,553, actuellement existante, par un palier de 7^m,20, précédé et suivi de longueurs à peu près égales de route, ayant une déclivité de 0^m,02 ; au sommet du passage supérieur, un raccordement parabolique de 7 mètres de longueur, avec un bombement total de 0^m,06 environ.

§ 3. — La comparaison des passages à niveau et supérieur doit se faire aux trois points de vue distincts du chemin de fer, de la route et des dépenses.

1° Au point de vue du chemin de fer, la solution du passage supérieur est de beaucoup la plus satisfaisante ; elle permet, en effet, de supprimer une pente de 0^m,0083 en aval, et de prolonger le palier de la gare, tout en maintenant en amont de cette route une déclivité qui ne dépasse pas 0^m,0083 par mètre. L'établissement du passage à niveau conduit, au contraire, à réduire le palier de 180 mètres environ, longueur sur laquelle il est remplacé par une pente de 0^m,01.

Cette déclivité, vers le milieu de laquelle est située l'aiguille d'entrée de la gare, offre de graves inconvénients, d'une part, en rendant plus difficile le démarrage et, d'autre part, en rendant plus dangereux le passage de l'aiguille prise en pointe à l'arrivée, eu égard au serrage considérable qu'il serait nécessaire de produire dans les freins, tant pour contrebalancer l'effet de la pente que pour arrêter les trains au quai du contrôle.

2° Après les explications détaillées présentées par M. l'Ingénieur du service ordinaire et M. le maire de la ville, il n'est pas besoin d'insister pour faire voir *qu'au point de vue de la route* le passage supérieur serait infiniment préférable au passage à niveau. Sans rappeler ici les inconvénients graves que présentent ces passages dans l'intérieur des villes, l'Ingénieur du Contrôle croit devoir faire remarquer que, même avec les améliorations proposées, le passage à niveau se trouverait encore dans des conditions exceptionnellement fâcheuses, en raison du peu de largeur et des fortes déclivités de la route ; les parties modifiées ne pourraient, en effet, permettre le garage que d'un très-petit nombre de voitures seulement, et il n'est pas douteux que des encombrements dangereux se produiraient les jours de foires et de marchés, notamment à la saison des récoltes, alors que de toutes parts de lourds chargements de vins affluent vers le port de Blaye.

Il est encore un point sur lequel il paraît utile d'appeler l'attention de l'Administration supérieure : l'amélioration de la route nationale, depuis longtemps réclamée par le Conseil général de la Gironde et le Conseil municipal de Blaye, serait rendue à tout jamais impossible en adoptant le passage à niveau, car il conduirait au maintien obligé de la pente de 0m,053 par mètre qui descend vers le chemin de fer. Avec le passage supérieur, au contraire, cette pente pourrait être remplacée par une déclivité de 0m,01 environ, si, dans un avenir plus ou moins éloigné, l'État, le Département et la Ville font (comme il est probable) les sacrifices nécessaires pour obtenir ce résultat.

3° Reste à examiner la question de dépenses ; M. l'Ingénieur de la Compagnie estime que l'établissement du passage supérieur nécessiterait un supplément de dépenses de 35,000 francs. Il résulte des évaluations faites par l'Ingénieur du Contrôle, qu'en admettant pour le passage à niveau les modifications *absolument indispensables* qu'il a proposées, la différence des frais d'établissement ne dépasserait pas 25,000 francs environ. Ce chiffre est sans doute encore élevé, mais justifierait-il l'adoption de la solution du passage à niveau?

Aux termes de l'article 10 du cahier des charges de la Compagnie, le chemin de fer doit, à la rencontre des routes nationales ou départementales, passer soit au-dessous, soit au-dessus de ces routes, à moins d'obstacles locaux, dont l'appréciation appartient à l'Administration. Or, si cette clause doit être strictement appliquée, n'est-ce pas dans le cas actuel, alors *que d'une part*, le passage supérieur est pour la voie ferrée la solution la plus naturelle et la plus avantageuse ;

Que d'autre part, le passage à niveau, eu égard à sa position au milieu d'une ville et à la situation exceptionnelle de ses abords, causerait une gêne considérable pour la circulation;

Qu'en outre, la Compagnie, largement dotée par l'État d'une subvention relativement très-élevée, a été amenée à traverser la route nationale, grâce à une solution qui réalise, pour elle, une économie de plusieurs centaines de mille francs ;

Et qu'enfin ce passage supérieur, demandé par la Commission d'enquête, le Conseil municipal de la Ville et les Ingénieurs de la route nationale et du port, ne serait, pour tout un quartier de Blaye, que la juste compensation des inconvénients qui résulteront de la présence des machines du chemin de fer, dont le dépôt sera établi au milieu même de ce quartier.

Ces motifs seront, sans aucun doute, appréciés par l'Administration qui, en adoptant le projet de passage supérieur, donnera une légitime satisfaction aux réclamations unanimes des riches et populeuses contrées qui avoisinent Blaye.

II.

CONCLUSIONS.

En résumé, l'Ingénieur ordinaire du Contrôle est d'avis qu'il y a lieu d'approuver les projets qui font l'objet de la conférence, sous les réserves suivantes, indépendamment de celles qui sont proposées dans son rapport en date de ce jour, relatif aux mêmes projets et qui pourront l'être dans un rapport ultérieur des parcellaires.

1° Le nouveau lit du Saugeron, dévié le long du talus gauche du chemin de fer, près de Blaye, aura une largeur au plafond de 0m,80 au moins, avec des talus à 45°. Le radier du ponteau, de 1m 90, établi sous la levée de la route nationale, n° 137, sera abaissé de 0m,15, et le lit dudit cours d'eau sera dirigé aux abords de l'ouvrage, suivant le tracé au crayon de la feuille de dessin B du dossier du passage supérieur.

2° La Compagnie établira un passage supérieur pour la traversée de la route nationale, n° 137, conformément au projet qu'elle a présenté, modifié ainsi qu'il suit :

(a) La déclivité de la rampe d'accès (côté de la ville) n'excédera pas 0m,04 par mètre.

(b) Le palier existant au pied de la rampe d'accès du côté de l'Hôpital, sera relevé de 0m,25 et raccordé aux deux rampes qui le comprennent par des rampes de 0m,02.

Clos le présent procès-verbal, les jour, mois et an que dessus.

L'Ingénieur du service maritime :	L'Ingénieur du service hydraulique :	Le Commandant du Génie :
Signé : PROMPT.	*Signé* : De SANSAC.	*Signé* : SEGRETAIN.

L'Ingénieur du service ordinaire :	Le Maire de Blaye :	L'Ingénieur de la Compagnie
Signé : RICHET.	*Signé* : Jules BRUN.	*Signé* : CHOPIN.

L'Ingénieur du Contrôle :

Signé : ALEXANDRE.

IMPRIMERIE CENTRALE DES CHEMINS DE FER. — A. CHAIX ET Cie, RUE BERGÈRE, 20, PARIS. — 7319-2.

www.ingramcontent.com/pod-product-compliance
Lightning Source LLC
LaVergne TN
LVHW052032160826
845678LV00003B/1298

* 9 7 8 2 3 2 9 6 3 6 0 9 2 *